A BÍBLIA EXPLICA

O FIM DOS TEMPOS

DAVID PAWSON

ANCHOR RECORDINGS

Copyright © 2021 David Pawson Ministry CIO

O FIM DOS TEMPOS
English original: Explaining End Times

Os direitos autorais referentes a este livro são assegurados a David Pawson, de acordo com a Lei de Direitos Autorais, Desenhos Industriais e Patentes de 1988 (Reino Unido).

Uma publicação da Anchor Recordings Ltd
DPTT, Synegis House, 21 Crockhamwell Road,
Woodley, Reading RG5 3LE, UK

Todos os direitos reservados.

Nenhuma parte desta publicação pode ser reproduzida ou distribuída, em qualquer forma ou por quaisquer meios, sejam eles eletrônicos ou mecânicos, incluindo fotocópias e gravações, ou por qualquer sistema de armazenamento e recuperação de informações, sem autorização prévia, por escrito, da Editora.

Algumas citações bíblicas no meio do texto estão na forma de paráfrases.

www.davidpawsonbooks.com
www.davidpawsonbooks.org

ISBN 978-1-913472-13-9

Esta publicação baseia-se em uma palestra. Por originar-se da palavra falada, muitos leitores considerarão seu estilo um tanto diferente do meu modo costumeiro de escrever. Espero que isto não venha a depreciar a essência do ensino bíblico encontrado aqui.

Como sempre, peço ao leitor que compare tudo o que digo ou escrevo ao que se encontra registrado na Bíblia, e, caso perceba um conflito em qualquer ponto, sempre fie-se no claro ensino das Escrituras.

David Pawson

A BÍBLIA EXPLICA

O FIM DOS TEMPOS

Muitos me perguntam: "Estamos no fim dos tempos?". Essa, no entanto, apesar de ser usada na Bíblia, não é a expressão mais apropriada. A Bíblia fala sobre "os últimos dias", e há dois mil anos estamos vivendo os últimos dias. Eles tiveram início no Pentecoste, quando se cumpriu a primeira profecia dos últimos dias.

O que querem saber, na verdade, é: "Estamos nos últimos dias, de fato, antes do fim?" ou, em outras palavras, "Estamos na geração que presenciará a volta de Jesus?". Respondo que não sei. No meu caso, o tempo está ficando curto. Enquanto escrevo essas palavras, estou na casa dos oitenta anos, portanto, para que eu possa presenciar o retorno de Jesus, será preciso que ele se apresse um pouco. A verdadeira pergunta é esta: "Somos a geração do fim?". É engraçado, mas a maioria das pessoas que fala comigo a esse respeito também compartilha seus preparativos e planos de aposentadoria, onde irão morar etc., o que me parece um pouco contraditório! Eu provavelmente responderia que estamos no início dos últimos dias antes do fim, mas, quanto à duração desse período, não creio que a Bíblia nos revele.

Trata-se de uma expressão que se tornou muito comum desde 1948, com a criação do Estado de Israel e a conquista do controle político de Jerusalém pelos judeus, em 1967. Curiosamente, foram esses eventos no Oriente Médio que convenceram muitos cristãos de que estamos nos últimos dias antes do fim. Alguns desses cristãos, na verdade, tinham certeza de que Jesus voltaria naquela geração. Mas ele não voltou. O importante é conferir o que a Bíblia diz, especialmente o Novo Testamento. Não há texto bíblico que afirme que os eventos em Israel sejam um sinal da segunda vinda do Senhor. Comprove na sua Bíblia o que estou dizendo e não deixe que os eventos ocorridos em Israel, na última metade do século passado, o induzam a pensar que Jesus está prestes a voltar.

Abra sua Bíblia no Novo Testamento e descubra o que Jesus fala sobre os sinais da sua vinda. Precisamos ler Mateus 24 em especial, estudar o texto, para então saber onde estamos em relação à agenda e ao calendário de Deus. Na publicidade cristã, há muitos relógios que mostram um ponteiro a um ou dois minutos antes da meia-noite, como se esse fosse o relógio de Deus indicando a hora certa. Os cristãos de qualquer geração devem viver preparados para o retorno do Senhor, mas isso não é o mesmo que esperá-lo.

A Bíblia é um livro repleto de previsões. Suas páginas contêm 735 profecias. Um quarto dos versículos da Bíblia tem alguma profecia. É um livro essencialmente profético do início ao fim, embora as previsões concentrem-se mais em alguns livros do que em outros. Das 735 previsões, 596 já se concretizaram e cumpriram-se literalmente conforme o registro bíblico.

Portanto, de todas as previsões bíblicas, 81% já se concretizaram, sendo que algumas delas foram feitas séculos antes de seu cumprimento. Não é preciso ter muita fé para crer que os outros 19% também se cumprirão. É uma taxa muito alta. Nenhum astrólogo sequer chegou perto. A Bíblia provou que é 100% exata em todas as previsões que se cumpriram até os nossos dias. Sobre o restante, a maioria delas diz respeito ao retorno de Jesus e ao que acontecerá em seguida. Quantas dessas previsões ainda precisam se cumprir antes que Jesus retorne? A resposta é aproximadamente 20, e espero ver o seu cumprimento primeiro, antes de aguardar pelo retorno do Senhor.

Ele disse que devíamos vigiar a orar. O que vigiamos? Não podemos ficar parados, contemplando as nuvens, esperando ver Jesus. Não foi isso que ele quis dizer. Ele quis dizer o seguinte: "Vigiem o que está acontecendo no mundo para identificar os sinais que lhes dei para sua preparação". Haverá sinais. Deixe-me acrescentar mais um ponto: muitos envolvem-se excessivamente nas previsões a respeito do futuro, começam a fazer tabelas e elaboram a agenda de Deus, uma atitude um tanto pretensiosa. No entanto, ele ordenou que ficássemos atentos a alguns eventos, sendo que muitos deles ainda não aconteceram. Na velocidade do mundo de hoje, esses eventos podem acontecer muito rapidamente ou não. Devemos viver como se Jesus voltasse amanhã, mas não ficar esperando que isso aconteça. Acredito que, primeiramente, é necessário que se cumpram os sinais que ele nos deu.

Então vamos examinar uma passagem muito conhecida, Mateus 24, onde os discípulos perguntam a Jesus: "Qual será o sinal da tua vinda? Como saberemos quando estará prestes a acontecer?". Jesus respondeu essas perguntas de forma explícita e direta. Podemos agradecer a Deus pela pergunta dos discípulos e pela resposta muito clara de Jesus. Sua resposta ainda mais clara e completa está no livro de Apocalipse, porém temos aqui um resumo dos sinais que precederão a sua vinda.

Tendo Jesus se assentado no monte das Oliveiras, os discípulos dirigiram-se a ele em particular e disseram: "Dize-nos, quando acontecerão essas coisas? E qual será o sinal da tua vinda e do fim dos tempos?"

Jesus respondeu: Cuidado, que ninguém os engane.

Pois muitos virão em meu nome, dizendo: 'Eu sou o Cristo!' e enganarão a muitos. Vocês ouvirão falar de guerras e rumores de guerras, mas não tenham medo. É necessário que tais coisas aconteçam, mas ainda não é o fim. Nação se levantará contra nação, e reino contra reino. Haverá fomes e terremotos em vários lugares. Tudo isso será o início das dores.

Então eles os entregarão para serem perseguidos e condenados à morte, e vocês serão odiados por todas as nações por minha causa. Naquele tempo muitos ficarão escandalizados, trairão e odiarão uns aos outros, e numerosos falsos profetas surgirão e enganarão a muitos. Devido ao aumento da maldade, o amor de muitos esfriará, mas aquele que perseverar até o fim será salvo. E este evangelho do Reino será pregado em todo o mundo como testemunho a todas as nações, e então virá o fim.

Assim, quando vocês virem 'o sacrilégio terrível', do qual falou o profeta Daniel, no lugar santo — quem lê, entenda — então, os que estiverem na Judéia fujam para os montes. Quem estiver no telhado de sua casa não desça para tirar dela coisa alguma. Quem estiver no campo não volte para pegar seu manto. Como serão terríveis aqueles dias para as grávidas e para as que estiverem amamentando! Orem para que a fuga de vocês não aconteça no inverno nem no sábado. Porque haverá então grande tribulação, como nunca houve desde o princípio do mundo até agora, nem jamais haverá. Se aqueles dias não fossem abreviados, ninguém sobreviveria; mas, por causa dos eleitos, aqueles dias serão abreviados. Se, então, alguém lhes disser: 'Vejam, aqui está o Cristo!' ou: 'Ali está ele!', não acreditem. Pois aparecerão falsos cristos e falsos profetas que realizarão grandes sinais e maravilhas para, se possível, enganar até os eleitos. Vejam que eu os avisei antecipadamente.

Assim, se alguém lhes disser: 'Ele está lá, no deserto!', não saiam; ou: 'Ali está ele, dentro da casa!', não acreditem. Porque assim como o relâmpago sai do Oriente e se mostra no Ocidente, assim será a vinda do Filho do homem. Onde houver um cadáver, aí se ajuntarão os abutres.

Imediatamente após a tribulação daqueles dias
'o sol escurecerá, e a lua não dará a sua luz;
as estrelas cairão do céu,
e os poderes celestes serão abalados'.

Então aparecerá no céu o sinal do Filho do homem, e todas as nações da terra se lamentarão e verão o Filho do homem vindo nas nuvens do céu com poder e grande glória. E ele enviará os seus anjos com grande som de trombeta, e estes reunirão os seus eleitos dos quatro ventos, de uma a outra extremidade dos céus.

Aprendam a lição da figueira: quando seus ramos se renovam e suas folhas começam a brotar, vocês sabem que o verão está próximo. Assim também, quando virem todas estas coisas, saibam que ele está próximo, às portas. Eu lhes asseguro que não passará esta geração até que todas essas coisas aconteçam. O céu e a terra passarão, mas as minhas palavras jamais passarão.

Quanto ao dia e à hora ninguém sabe, nem os anjos dos céus, nem o Filho, senão somente o Pai.

Mateus 24.3-36 (NVI)

A Bíblia é um livro de história muito diferente de qualquer outro que podemos encontrar em uma biblioteca pública. A história da Bíblia começa com o início do mundo e termina com o fim deste mundo. Nenhum outro livro de história cobre uma extensão tão vasta de eventos do planeta Terra, em parte porque, no princípio, não havia quem pudesse registrá-los, portanto ninguém tem autoridade para escrever sobre o início de nosso mundo. Deus estava lá, portanto ele é o único que poderia registrar o que aconteceu. O fim do mundo, ou melhor, todo o futuro, em grande parte, nos é desconhecido. Podemos imaginar, mas não podemos afirmar como o mundo terminará.

Somos as únicas pessoas em todo o mundo que sabem como tudo terminará. Isso é singular. O intuito do Senhor ao revelar o futuro a seus discípulos não era satisfazer sua curiosidade. Era prepará-los para o futuro a fim de que não entrassem em pânico ou ficassem confusos quando tudo acontecesse. Seja grato pelo fato de Jesus ter sido sincero a ponto de partilhar conosco o que o futuro nos reserva. Na passagem de Mateus 24, ele deu quatro sinais claros de sua vinda. Desses quatro sinais, um já está se cumprindo, os outros três ainda não. É por isso que quando me perguntam "Estamos no fim dos tempos?", eu respondo "Estamos no início do fim dos tempos". Mas, seguramente, não estamos no meio ou no fim desse período, portanto, não entre em pânico.

Bem, quais são esses quatro sinais que ele nos deu? Uma coisa é certa: exceto pelo terceiro, nenhum deles acontece em Israel. O primeiro, claramente, são os desastres no mundo, e ele menciona como exemplo guerras, fomes e terremotos. Esses, seguramente, já estão acontecendo, mas acontecem há mais de dois mil anos. Estão ficando mais intensos. As guerras de hoje usam tecnologia para que as pessoas matem umas às outras. Caças, mísseis telecomandados e aeronaves remotamente pilotadas. Novos elementos de guerra, fruto da tecnologia. As guerras, consequentemente, serão mais sofisticadas e devastadoras. Há tanto guerras civis quanto guerras internacionais. No entanto, não houve na história do homem um período de 10 anos sem que uma guerra fosse travada em algum lugar. Nossa história é uma história de conflitos. Hoje, os conflitos mais frequentes não são entre nações, mas dentro de uma nação. As duas guerras mundiais do último século envolveram todo o mundo ocidental, porém mais de 36 conflitos internacionais ocorreram desde a Segunda Grande Guerra, e, se contarmos as guerras civis, o número é ainda maior. Há um desfile constante de guerras.

Terremotos? Eles parecem ocorrer com frequência crescente, mas isso se deve à mídia, que informa imediatamente o que está acontecendo. Os terremotos não aumentaram em número, mas sim na extensão dos danos e da devastação causados, pois o mundo está mais populoso e mais pessoas vivem em áreas vulneráveis. Portanto, a taxa de mortalidade em terremotos está crescendo vertiginosamente. Hoje, há terremotos em locais onde eles jamais haviam acontecido, como na região central da Índia, por exemplo.

A Inglaterra tem em torno de 20 a 30 terremotos por ano, mas a maioria desses abalos é tão pequena que muitas pessoas sequer percebem. Mas observamos tremores que abalam os quadros nas paredes e vários outros sinais. Mas os terremotos não começaram a acontecer recentemente. A fome tem nos acompanhado há muito tempo. No entanto, está se tornando cada vez pior, pois uma parte do mundo detém a maior quantidade de alimentos, deixando o restante faminto. Sendo assim, é certo que estamos vivendo esse primeiro sinal: já existem guerras, rumores de guerras, terremotos e fome.

Jesus disse: "Ninguém os engane". Ele faz esse alerta repetidas vezes, todo o tempo. À medida que nos aproximamos do fim, o grande perigo é o engano, dentro e fora da igreja. Nesse caso, diz ele, não sejam enganados por falsos cristos, falsos messias, pessoas que se aproveitarão da crise causada pelos desastres naturais e se apresentarão como salvadores. Certamente também já vivemos isso. Há casos conhecidos de pessoas que se autodenominaram salvadores e levaram seus seguidores a lugares desertos resultando, muitas vezes, em tragédia, até suicídio em massa. Existe por aí um grande número de falsos cristos, falsos salvadores; "moonies"[1] que se levantam alegando serem o prometido libertador de todos os nossos problemas. Quanto mais frequentes forem as dificuldades, mais falsos libertadores haverá. Este, contudo, é o conselho de Jesus para nós: "Não se alarmem; não permitam que seus corações sejam perturbados quando ouvirem sobre o surgimento de novas guerras, tragédias ou fome".

Ele fez uma afirmação surpreendente. Essas experiências são dolorosas, porém não são laços da morte, mas, sim, dores de parto. Portanto, quando você ler ou ouvir na imprensa relatos sobre os desastres, saiba que se trata de dores que indicam que algo novo vai nascer. Isso deveria mudar completamente a nossa atitude. Quando as pessoas lhe disserem "Não sei o que está acontecendo com o mundo", você poderá responder "Eu sei". Observe então como elas reagirão a essa resposta. Não devemos ficar alarmados ou consternados, nem tão perturbados quanto ficará o mundo com tais acontecimentos. Os desastres no mundo são as dores de parto de um novo mundo que está prestes a nascer.

Sendo assim, adotamos uma atitude diferente. Temos compaixão daqueles que estão enfrentando os desastres, e devemos expressá-la por meio do auxílio, mas nossos corações não devem estar alarmados, e sim esperançosos. Estamos presenciando o nascimento de um novo mundo e, por isso, não nos sentimos desanimados ou deprimidos com todos os problemas à nossa volta. Em suma, o conselho de Jesus a nós seria: "Não entrem em pânico, não se perturbem,

---

[1] Nota de Tradução: Seguidores da Igreja da Unificação fundada pelo reverendo Moon.

mas alegrem-se reconhecendo os sinais de que algo novo está prestes a acontecer".

O segundo sinal da vinda de Jesus não está no mundo, mas na igreja. Os desastres no mundo são o primeiro sinal. Os desdobramentos na igreja são o segundo. Assim como ele dividiu o primeiro sinal em três partes – guerras, terremotos e fomes – ele também divide o segundo sinal em três partes, e todas ocorrem dentro da igreja. A primeira: perseguição – seremos odiados em todas as nações. Isso ainda não se concretizou, mas será uma realidade no segundo sinal. A perseguição à igreja será global; toda nação se posicionará contra a igreja – contra os cristãos verdadeiros de todos os lugares.

A segunda parte desse sinal será uma grande redução no tamanho da igreja. O amor de muitos esfriará. Quando houver pressão sobre toda a igreja, muitos cristãos nominais, e até mesmo os verdadeiros, abandonarão a fé. Seu amor esfriará diante das pressões da perseguição universal. Um triste sinal.

A terceira parte do sinal é a grande surpresa: o evangelho será pregado a todos os grupos étnicos.

Presenciei esses três acontecimentos, em menor escala, em muitos dos países que visitei, onde a igreja é realmente odiada e os cristãos nominais e dominicais não permanecem porque não conseguem enfrentar a pressão. Nesses lugares, pela perspectiva evangelística, houve crescimento porque a perseguição purificou a igreja, e os cristãos que permaneceram levaram adiante a missão, que lhes foi confiada por Jesus, de pregar o evangelho.

É por essa razão que, nos países onde ocorre perseguição, a igreja cresce, e em outros países como a Inglaterra, onde não tem havido perseguição, ela está em declínio. É a igreja perseguida que está crescendo em todo o mundo hoje. Ela cresce em quantidade e qualidade. O evangelho será pregado;

essa é a terceira parte do sinal. Uma igreja menor, purificada, fará uma grande diferença no mundo. É o que Jesus está dizendo. Parece contraditório, mas em minha experiência visitando igrejas em todo o mundo, pude comprovar isso. Em que país a igreja tem crescido mais rapidamente? Na China, onde foi perseguida durante muito tempo. Sim, os cristãos nominais partiram, mas aqueles que permaneceram pregam o evangelho e Deus honra isso.

Esses são os três desdobramentos na igreja. Qual será o grande perigo? O perigo não serão os falsos cristos. Os falsos messias não podem causar muito dano à igreja, mas os falsos profetas, sim. Portanto, o perigo do engano em tudo isso está nos falsos profetas. Sabemos o que os falsos profetas ensinam. Eles falam de paz onde ela não existe. Sua mensagem é de consolo e não de desafio. Sua mensagem será: "Não se preocupe, nada vai acontecer. Está tudo bem, tudo está maravilhoso. A igreja está segura". Isso é falsa profecia. Eles podem muito bem ser responsabilizados pelo grande número de pessoas que deixará a igreja naquele tempo. Portanto, temos os desastres no mundo, o perigo do engano pelos falsos messias, e quanto à igreja, ela será perseguida, mas continuará pregando; temos falsos profetas oferecendo profecias falsas para trazer consolo às pessoas, torná-las felizes novamente. Isso também já começou a acontecer, mas não chega nem perto do sinal revelado por Jesus.

Novamente, há o perigo da falsa profecia. O conselho de Jesus agora é: "Não desista, não dê espaço a esses falsos profetas; aquele que resistir até o fim será salvo". Esse é o conselho de Jesus a todos os cristãos quando esse sinal aparecer, quando todas as vertentes da igreja forem odiadas pelo mundo. Por que isso deve acontecer? A resposta é que o trigo e o joio crescem juntos e quanto mais se aproximam da plena maturidade, maior é o conflito entre ambos, e faz muito sentido que, próximo ao fim, os cristãos de todos os lugares sofram perseguição.

O ódio virá, e os cristãos são "desajustados sociais" [pessoas que não se encaixam no padrão do mundo]. Não pertencemos a este mundo. Nossa cidadania está no céu. Somos diferentes e, por sermos diferentes, despertaremos o ódio. Jesus era tão diferente de todos que atraiu a si mesmo esse ódio. Mas ele disse: "Se sou odiado no mundo, vocês também serão". Não é agradável ser odiado.

Isso nos leva ao terceiro sinal do fim dos tempos que é a crise em Jerusalém. Do ponto de vista geográfico, acontecerá num lugar bem específico. Aqui, Jesus cita as profecias de Daniel que fazem referência a certa imagem: "o sacrilégio terrível". Três vezes Daniel faz menção a ela. A que ele se refere? De que se trata? Trata-se de um ser humano, um homem que se instalará na cidade de Deus e se colocará no lugar de Deus. Ele não reconhecerá a vontade de nenhum outro acima da sua própria, será um ditador cuja vinda afetará todo o mundo, mas que se estabelecerá em Jerusalém, na cidade de Deus, no lugar santo.

Essa terrível previsão já se cumpriu uma vez, em 160 a.C. aproximadamente, por um dos descendentes de Alexandre, o Grande, o grego chamado Antíoco Epifânio. Ele invadiu Jerusalém e seus atos foram tão terríveis que incitaram Judas, o macabeu, a liderar uma revolução. O que Antíoco Epifânio fez? Invadiu o templo judeu e sacrificou um porco no altar, mesmo estando plenamente ciente de que nada poderia ser mais ofensivo aos judeus. Sacrificar animais impuros no santíssimo templo era o maior dos insultos. Em seguida, ele encheu os átrios do templo com prostitutas e convidou o povo para participar dos ritos pagãos que envolviam sexo ilícito.

Antíoco fez muitas outras coisas. Construiu um enorme estádio em Jerusalém onde eram realizados jogos nos quais os atletas competiam nus (de acordo com a prática esportiva grega). Tudo o que ele fez piorou a situação. Ocupou Jerusalém por exatos três anos e meio, uma referência que se tornará muito importante no segundo cumprimento desse evento. É interessante que o livro de Apocalipse define três vezes o período da Grande Tribulação, quando as dificuldades da igreja atingirão seu ponto máximo. Três vezes o livro de Apocalipse fala de "um tempo, tempos e meio tempo", que significa três tempos e meio. O texto de Apocalipse também o define como 42 meses, que são três anos e meio e, posteriormente, como 1.260 dias, que, novamente representa o mesmo período. Quantas vezes Deus precisa dizer algo de maneiras diferentes para que possamos compreender?

Jesus, na verdade, não fez nenhuma dessas afirmações. Ele disse, porém, que a menos que o tempo fosse abreviado, ninguém sobreviveria, portanto, três anos e meio é um período que permite que os verdadeiros cristãos sobrevivam, exceto se forem martirizados. Muitos serão martirizados naquele período, mas o cristão fiel pode resistir e consolar-se com as palavras "Serão apenas três anos e meio". Considerando que o centro de tudo será uma ditadura em Jerusalém, ele aconselha claramente seu povo na Judeia a sair de lá o mais rápido possível. Ele está se referindo a uma figura que, em outro texto, João chama de "o Anticristo" e Paulo chama de "homem do pecado". São títulos diferentes, mas todos dizem respeito ao mesmo terrível ditador que reinará por sete anos em Jerusalém.

O primeiro período de três anos e meio será bem recebido pelo mundo, pois será bom – trará paz e segurança. Esta será a mensagem do ditador: "Eu os guardarei em paz e segurança". O mundo o receberá de braços abertos. Somente na segunda metade desses sete anos é que seu governo mudará, como aconteceu a todos os ditadores deste mundo. Na primeira parte do seu reinado, Nero trouxe benefícios aos romanos; depois o poder o corrompeu e ele se tornou o perseguidor de cristãos que conhecemos. O nome Nero entrou para os anais da história como um terrível ditador.

Aconteceu a Hitler que, chegando ao poder, adotou medidas muito positivas para a Alemanha. Ele disse: "Quero que todos tenham um carro", então pediu a um homem chamado Porsche que projetasse um carro do povo, um "Volkswagen", o *fusca*, que você talvez conheça! Era um projeto brilhante. Refrigerado a ar, podia ir a qualquer lugar no mundo. Milhões desses carros foram montados. Hitler construiu estradas – foi o primeiro a projetá-las para os carros do povo – são as excelentes *autobahns* da Alemanha. Tirou o país da crise financeira. Tamanha era a inflação na Alemanha que, para comprar pão, você precisava de um carrinho de mão cheio de marcos. Ele controlou a inflação e o povo voltou a ter dinheiro.

Tudo isso, entretanto, é esquecido, pois o poder o corrompeu e ele se tornou o ditador que destruiu milhões de vidas. O mesmo acontecerá ao Anticristo. No primeiro período de três anos e meio, segundo a minha compreensão do Novo Testamento, ele oferecerá paz e segurança. Como a paz mundial, aparentemente, depende da paz no Oriente Médio, aquela parece ser uma zona de perigo. Ele trará paz e segurança primeiramente àquela região e depois ao mundo todo. O mundo acreditará e, exatamente na metade de seu governo, o poder o corromperá e haverá angústia e tribulação como jamais aconteceu, e isso acontecerá durante três anos e meio, 42 meses, 1.260 dias.

Jesus prevê isso e diz: "Se você mora na Judeia, saia sem demora, não pare sequer para fazer as malas. Ore para que não seja no sábado". Não haverá transporte público. Pense especialmente nas grávidas e nas que amamentam, elas terão de fugir, sair rapidamente do centro desse período terrível. Então ele diz: "Para vocês, lembrem-se que o tempo será abreviado e perseverem". Mas ele afirma também: "O grande perigo serão os falsos cristos e falsos profetas...". E alerta: "Haverá rumores – não deem ouvidos a eles".

Ele nos instrui a usar os olhos e não os ouvidos; a estar atentos ao último sinal e não sair de onde estivermos. Ouviremos rumores de que ele veio; e todos correrão à sua procura, pois deram ouvidos aos [falsos] mestres e aos rumores que se espalharam.

Sabe, é curioso, mas viveremos um tipo de situação em que os cristãos de todo o mundo dirão: "Onde está Deus?".

"Ah, ele está em Toronto...". E muitos gastarão todo o seu dinheiro comprando passagens para ir a Toronto encontrar Deus. Então o alvo mudará para outro lugar, mais ao sul, algum lugar dos Estados Unidos talvez, e "Ah, onde está Deus agora? Vamos encontrá-lo nos Estados Unidos!".

Receio que os cristãos tenham a tendência de correr o mundo sempre que ouvem: "Deus está lá".

Mas você pode encontrá-lo *aqui*. Não precisa dar a volta ao mundo em busca do mais recente local da manifestação de certo fenômeno. Por favor, não pense que é necessário viajar para encontrar Deus. É trágico, mas muitos já demonstram esses sintomas.

Observe, também, que, na ocasião do terceiro sinal, dois eventos não terão acontecido. O primeiro deles é que Cristo ainda não terá voltado, sejam quais forem os rumores, e haverá rumores. Não dê ouvidos a eles. Não saia de onde está, fique firme em seu lugar. É o terceiro sinal, mas ainda não terá se cumprido. O segundo fato a observar é que os cristãos ainda estarão na terra. Isso é muito importante. Há um falso ensino que arrebanhou milhares de cristãos em todo o mundo. Os Estados Unidos foram os primeiros a exportá-lo, por volta de 1830. Segundo esse falso ensino, Cristo viria secretamente antes da Grande Tribulação e levaria consigo todos os cristãos, antes do cumprimento dessas previsões. Nos sinais que examinamos, não encontrei nenhuma indicação disso, e você?

Jesus diz: "Não saiam de onde estão". Ele não está vindo para nos tirar do mundo antes da Grande Tribulação. Não há no Novo Testamento uma única afirmação clara nesse sentido. A ideia foi construída sobre uma série de deduções lógicas extraídas de textos bíblicos, fundamentadas na razão humana. Se você quiser conhecer todas elas, leia meu livro *When Jesus Returns*. Um quarto do livro é dedicado aos sete argumentos que embasam a ideia de que Jesus nos tirará do mundo antes que venha a Grande Tribulação. São deduções humanas lógicas a partir de textos bíblicos. Nenhuma delas, contudo, encontra-se de fato na Bíblia, por isso nunca consegui encontrá-las. O estudo do fim dos tempos chama-se "escatologia", porém essa visão eu chamo de "escapologia" – a ideia de que todos nós escaparemos da Grande Tribulação. Não caia nessa. Use seus olhos para vigiar os sinais que Jesus nos deu. Não dê ouvidos a rumores, nem ao ensino que desvie sua atenção da clara mensagem bíblica.

Jesus, portanto, nos alerta quanto aos falsos profetas e falsos messias. Os falsos profetas farão sinais e maravilhas. Muitos serão enganados, pois o Diabo pode realizar milagres. Há poderes demoníacos à nossa volta. No fim dos tempos, o discernimento, bem como todos os outros dons do Espírito, será necessário para que possamos identificar se os sinais e maravilhas são divinos ou demoníacos. Poderão ser uma coisa ou outra. O Anticristo será acompanhado por uma figura religiosa, um falso profeta que lhe dará apoio realizando sinais e maravilhas. Jesus nos admoesta a não sermos enganados por ministérios que operam sinais e maravilhas. Discirna se eles são realmente de Deus ou até, ouso dizer, se os milagres estão acontecendo de fato. Eles podem parecer reais, mas não são. Não seja enganado. Mais uma vez, o alerta: "Não se desvie". Nos últimos tempos, no embate final entre o reino de Deus e o reino de Satanás, entre o trigo e o joio, ser levado ao engano talvez seja o maior perigo para os cristãos. O engano é sempre uma mescla sutil de verdade e erro. Você não será enganado com mentiras, será enganado com meias-verdades. Permaneça estritamente com a Palavra de Deus.

Se o que estou dizendo o deixa preocupado, então o melhor a fazer para se preparar é conhecer toda a Palavra de Deus. A Bíblia é como o lastro do navio: ela o mantém firme, e quando você conhece de fato toda a Bíblia tem melhor discernimento dos acontecimentos à sua volta. Essa é a importância de lermos e relermos a Bíblia até que a nossa perspectiva seja moldada por ela. É a melhor proteção que posso recomendar.

Corrie ten Boom teve uma experiência terrível. Durante a Segunda Guerra, sua família escondeu, atrás de uma parede falsa da casa, os judeus perseguidos por soldados alemães. Já estive nessa casa e vi essa parede. O espaço atrás dela é mínimo. Os judeus que ficavam escondidos, no entanto, se apertavam naquele espaço exíguo que acessavam por trás de um armário. Corrie conseguiu esconder os judeus porque seu pai era um cristão fiel que acreditava firmemente na Palavra de Deus. No entanto, eles foram traídos por um amigo e os alemães acabaram encontrando os judeus. Corrie e sua irmã, na verdade, toda a família, foram levadas para o campo de concentração. Corrie foi a única sobrevivente de sua família. No campo de concentração, ela viveu uma experiência maravilhosa. Sua irmã ficou enferma e necessitava de uma dose diária de certo medicamento. Embora fosse minuciosamente revistada, Corrie conseguiu trazer um frasco do remédio para sua irmã. Se o administrasse diariamente, conseguiria mantê-la viva. No entanto, ela descobriu que várias outras pessoas no mesmo barracão estavam sofrendo da mesma enfermidade, mas o medicamento era suficiente para sua irmã apenas. Como cristã, o que ela fez? Decidiu dar a todos os enfermos o medicamento daquele pequeno frasco. Assim, ela o compartilhou durante toda uma semana, e depois mais uma semana, e um mês inteiro, e outro mês, e outro mês. Ao compartilhar o medicamento, ele multiplicou-se e o frasco nunca ficou vazio. Não é lindo? Tempos depois, sua irmã morreu e Corrie foi a única sobrevivente de sua família.

Após ser solta, Corrie viajou por todo o mundo como "uma andarilha para o Senhor", conforme ela própria definia, compartilhando seu testemunho. Certa vez, identificou no fundo da plateia um dos oficiais que tratava com crueldade todos os prisioneiros do campo de concentração. Pensou: "Não posso falar com esse homem. Depois do meu testemunho, preciso sair daqui o mais rápido possível". Deus, porém, disse a essa querida senhora que procurasse o homem, o cumprimentasse e perdoasse.

Corrie foi à China e encontrou ali muitos, muitos cristãos que, na ocasião, sofriam terrivelmente, pois haviam aprendido com missionários americanos que Deus os tiraria do mundo antes do início da Grande Tribulação. Eles já estavam enfrentando a Grande Tribulação em escala local. Corrie ten Boom decidiu então que viajaria pelo mundo preparando cristãos para a Grande Tribulação, e foi o que fez. Ela dizia: "Estou me preparando para a Grande Tribulação aprendendo a Bíblia e guardando a Palavra de Deus no meu coração". Bem, a Grande Tribulação veio na vida dela no âmbito pessoal. Corrie teve um terrível acidente vascular cerebral (AVC) que a deixou totalmente paralisada, incapaz de se comunicar. Ela perdeu todos os sentidos e viveu os últimos anos de sua vida em estado de coma. Depois da sua morte, fiquei sabendo que ela reagia a dois estímulos apenas. Um deles era ouvir o som do violino tocado por seu sobrinho, Peter van Woerden, uma pessoa amável. Se você leu a história de Corrie, sabe que Peter era o menino que ela precisou vestir como menina para passar de bicicleta diante dos alemães. Quando Peter tocava violino, Corrie, em coma, reagia à música fazendo alguns movimentos. Assim, ele passava horas tocando violino para ela, em sua casa, às margens do lago Léman.

Outro estímulo que provocava uma resposta de Corrie em seus últimos anos – algo que me toca profundamente – eram as fitas com gravações das minhas mensagens, nas quais eu ensinava a Bíblia. Eu não soube disso na época, mas Corrie as ouvia durante horas e mostrava uma leve reação, pois havia guardado a Palavra de Deus em seu coração. Bem, foi sua viagem à China que lhe ensinou como pode ser enganador o ensino do arrebatamento da igreja, que afirma que os cristãos não precisam se preparar para a Grande Tribulação.

Prefiro estar errado por pensar assim do que o contrário. Prefiro dizer às pessoas que estejam preparadas e descobrir que isso era desnecessário, do que lhes dizer que não terão problemas, e descobrir que não é bem assim. Isso realmente pesaria na minha consciência. Creio que o Novo Testamento é claro – Jesus disse: "Fiquem atentos a esses sinais", e esse é o terceiro sinal. O problema é que onde há uma carcaça, os abutres se reúnem, e o que ele realmente quis dizer com isso é que quando esses desastres vierem, haverá muitas pessoas tentando tirar proveito da situação. Portanto, tenham cuidado e vigiem.

Então, Jesus afirma que o quarto sinal da sua vinda se cumprirá imediatamente depois. Portanto, nós saberemos quando ele estiver voltando. Devemos estar preparados. Quando esse período de três anos e meio de grande aflição chegar ao fim, o sinal seguinte virá imediatamente depois. Quando vier, não haverá perigo de falsos profetas e falsos messias. Não haverá engano, será rápido demais. O que acontecerá é que toda a luz natural será apagada. Há muitas previsões a esse respeito em toda a Bíblia. Isaías profetiza: "Os céus se enrolarão como um pergaminho". Toda luz natural se apagará e, exceto pela luz artificial, o mundo ficará em total escuridão. Todos perguntarão: "O que está acontecendo?". E os cristãos dirão: "Eis o que está acontecendo. Preparem-se! Chegamos ao último sinal".

Quando eu era menino, fui levado ao Theatre Royal, em Newcastle upon Tyne, Inglaterra. Foi a primeira pantomima que assisti, minha primeira visita ao teatro e me recordo dela vividamente. Eu estava muito animado. Aguardamos sentados até que, uma a uma, as luzes começaram a se apagar e ficamos no escuro. Lembro-me claramente. Meu coraçãozinho batia forte: "Que emocionante, vai começar a qualquer minuto". Então as cortinas se abriram e revelaram um palco com luzes brilhantes, o herói no centro do palco, cercado de várias pessoas. A partir daquele momento, tudo foi uma grande emoção. É exatamente o que vai acontecer. O evento estará prestes a começar e o mundo todo ficará em trevas. Jesus disse: "Quando virem essas coisas..." saibam que ele está à porta, prestes a entrar, retornar ao palco da história. Começará com um relâmpago que iluminará todo o mundo, de leste a oeste. Do oriente ao ocidente, uma forte luz brilhará, repentina e sobrenatural, e ele descerá da mesma forma como um dia subiu, sobre as nuvens do céu. Posso até lhe dar a previsão do tempo naquele dia. Você acreditaria? Se ele vem nas nuvens do céu rumo a Jerusalém, deve ser em um vento do oeste. Será um vento úmido. Aqui estou eu, dando a você a previsão do tempo para o dia em que Jesus retornar. Porém não haverá nuvens, a menos que o vento sopre em uma direção específica, e ele vem sobre as nuvens, e faz delas as suas carruagens. Jesus descerá exatamente como subiu. Já contei a algumas pessoas o que está escrito na lápide do túmulo do meu avô: "David Ledger Pawson". Recebi meu nome em homenagem a ele. A inscrição vem logo abaixo do nome e da data da sua morte (eu mal o conheci, pois quando ele morreu, em 1934, eu tinha apenas quatro anos. Ele foi um verdadeiro pregador do Senhor). Ela aparece um pouco mais abaixo e diz o seguinte: "Que encontro!". Ela não foi extraída da Bíblia, mas de um antigo hino metodista, pois meu avô era pastor metodista. O hino fala da segunda vinda e que todos nos encontraremos com ele – seu primeiro voo gratuito para a Terra Santa. O povo de Deus, reunido de todas as partes do mundo, se encontrará com ele nos ares: isso é o arrebatamento. A palavra vem da antiga tradução latina de 1Tessalonicenses 4: "Seremos arrebatados juntamente com eles nas nuvens, para o encontro com o Senhor nos ares". O verbo latino para "arrebatados" é *rapto*, com o sentido de enlevo ou êxtase, quando somos tomados pelos sentimentos. A palavra "arrebatamento", portanto, está correta, mas a teologia construída sobre "o arrebatamento" afirma que ele acontecerá antes da Grande Tribulação. Jesus, no entanto, não voltará duas vezes. O Novo Testamento afirma que ele voltará uma vez e, então, haverá o arrebatamento e nos encontraremos com ele. Deixaremos para trás a condição em que estávamos e nos uniremos a ele nos ares.

O último sinal antes que isso aconteça é o escurecimento do sol, da lua e das estrelas. Deus desliga as luzes do céu em preparação para o esplendor dos relâmpagos que anunciarão o seu retorno. Então, sobre as nuvens, ele retornará ao planeta Terra e nos encontraremos com ele. Tendo em vista que a multidão será considerável, não nos reuniremos em um local terreno – não há um estádio suficientemente grande. Não é uma perspectiva emocionante? Não estou brincando com você, essa é a verdade.

São quatro sinais, e ele diz: "Quando virem todas estas coisas, saibam que ele está próximo, às portas". Então ele faz uma afirmação simples sobre uma figueira e, nesse ponto, muitos cristãos se perdem. Ele diz: "Aprendam a lição da figueira: quando seus ramos se renovam e suas folhas começam a brotar, vocês sabem que o verão está próximo". Ele está dizendo que quando virmos todas essas coisas acontecerem saberemos que a hora é chegada. Essa analogia da figueira não é uma alegoria. É simplesmente uma analogia da experiência diária, como as que Jesus fazia frequentemente quando ensinava. Podemos ver o que acontece com a figueira e então dizemos que o verão está chegando, que ele virá de fato. Da mesma forma, ao ver esses quatro sinais, você sabe que ele está chegando. Infelizmente, as pessoas leem a analogia como se fosse uma alegoria. Afirmam, com razão, que, no Antigo Testamento, Israel é comparado a uma figueira, então interpretam o versículo dizendo: "Quando virem Israel florescendo". Foi assim que Israel foi introduzido nos sinais da vinda de Jesus.

No entanto, inserem Israel em um lugar completamente equivocado. Se fosse válida a menção a Israel entre os quatro sinais, ela deveria ter ocorrido muito antes. Mas aparece após o escurecimento do céu e depois do retorno de Cristo. Não é Israel de forma alguma. Minha comprovação é muito simples. Em Lucas 21, há uma versão mais completa da afirmação de Jesus. Lucas lembrou-se de tudo o que Jesus disse e esta foi sua versão: "Observem a figueira e todas as árvores. Quando elas brotam, vocês mesmos percebem e sabem que o verão está próximo".

É algo bem diferente. O que são "todas as árvores"? Simplesmente todas as árvores. A figueira é a primeira árvore a florescer em Israel e, depois dela, florescem todas as outras. Lucas, portanto, registrou a versão completa da afirmação. Isso não significa que Mateus tenha se enganado. Não é isso. Ele lembrou-se da figueira, que é o mais importante. É verdadeira sua afirmação "quando virem a figueira florescer", e ele não diz "quando virem Israel florescer". No entanto, conheço centenas de cristãos que afirmam que o texto se refere a Israel, e o florescer de Israel é sinal da vinda de Cristo. Muitos, consequentemente, afirmam: "Devemos estar realmente no fim dos tempos" e esperam que, amanhã mesmo, Cristo dobre a esquina. Isso provoca pânico em alguns.

Como foi nos dias de Noé, assim também será na vinda do Filho do homem. Pois nos dias anteriores ao dilúvio, o povo vivia comendo e bebendo, casando-se e dando-se em casamento, até o dia em que Noé entrou na arca; e eles nada perceberam, até que veio o dilúvio e os levou a todos. Assim acontecerá na vinda do Filho do homem. Dois homens estarão no campo: um será levado e o outro deixado. Duas mulheres estarão trabalhando num moinho: uma será levada e a outra deixada.

Portanto, vigiem, porque vocês não sabem em que dia virá o seu Senhor. Mas entendam isto: se o dono da casa soubesse a que hora da noite o ladrão viria, ele ficaria de guarda e não deixaria que a sua casa fosse arrombada. Assim, também vocês precisam estar preparados, porque o Filho do homem virá numa hora em que vocês menos esperam.

Quem é, pois, o servo fiel e sensato, a quem seu senhor encarrega dos de sua casa para lhes dar alimento no tempo devido? Feliz o servo a quem seu senhor encontrar fazendo assim quando voltar. Garanto-lhes que ele o encarregará de todos os seus bens. Mas suponham que esse servo seja mau e diga a si mesmo: 'Meu senhor se demora', e então comece a bater em seus conservos e a comer e a beber com os beberrões. O senhor daquele servo virá num dia em que ele não o espera e numa hora que não sabe. Ele o punirá severamente e lhe dará lugar com os hipócritas, onde haverá choro e ranger de dentes.

Mateus 24.37-51 (NVI)

No restante desse sermão, Jesus conta três parábolas. A parábola das virgens prudentes e das virgens insensatas: as insensatas, cujas candeias haviam se apagado, e as prudentes, cujas candeias ainda estavam acesas quando o noivo chegou. As virgens insensatas haviam saído para tentar comprar óleo, perderam a chegada do noivo e não puderam entrar para o casamento. Em seguida, na parábola dos talentos, Jesus falou sobre os três servos que receberam do seu senhor dez talentos, cinco talentos e um talento, respectivamente. Quando o senhor retornou, perguntou a cada um deles: "O que você fez com os talentos que deixei aos seus cuidados?". O homem que havia recebido dez talentos disse: "Tenho outros dez". O que havia ficado com cinco talentos disse: "Tenho outros cinco". E o homem que recebera um talento disse: "Não fiz nada com ele. Eu o enterrei porque sei que o senhor é um homem severo, que colhe onde não plantou e quer dinheiro de mim". Que afirmação terrível! Comparamos as palavras ditas por Jesus com o que o mestre disse ao servo.

A última passagem não é uma parábola, mas uma previsão explícita, com uma analogia sobre ovelhas e bodes. Em Israel, as ovelhas e os bodes pastam juntos. Os bodes geralmente são pretos, e as ovelhas, brancas, por isso é fácil reconhecê-los. Quando cai a noite, as ovelhas, por não serem tão fortes quanto os bodes, são levadas pelo pastor a uma área cercada, um aprisco, e os bodes ficam do lado de fora, pois lidam bem com o frio e as intempéries. É algo muito vívido em Israel – é a Bíblia diante dos nossos olhos.

Ele conclui essa analogia com o julgamento das nações, quando ele separará as pessoas, e conta a razão de tê-las separado. As que foram colocadas à sua esquerda são as que ignoraram Cristo nos cristãos. Quando se recusaram a ajudar os menores irmãos, também deixaram de ajudar Cristo. Às que estão à sua direita, no entanto, ele disse: "Vocês viram Cristo em meus irmãos e, sempre que assim fizeram a meus menores irmãos, fizeram também a mim". Jesus não separa os caridosos dos não caridosos. O ponto central é o sentido da palavra "irmãos". Sempre que Cristo usa o termo "irmãos", refere-se a seus próprios seguidores. "Vão dizer aos meus irmãos que ressuscitei dos mortos". No ensino de Jesus, "irmão" é a palavra-chave. Significa aqueles que me seguem. Ele está dizendo simplesmente: "Tudo o que fizeram – ou deixaram de fazer – aos cristãos foi como se fizessem a mim e por mim". Sua atitude para com Cristo revela-se em sua atitude para com os cristãos, e esse é o princípio que norteia a separação.

Vamos refletir agora sobre tudo o que vimos na passagem. Primeiramente, o texto alerta que ninguém tem acesso à agenda de Deus, e até o próprio Jesus desconhecia a data do seu retorno. Tampouco os anjos e os homens a conheciam. Devemos ter uma ignorância saudável a respeito da data da volta de Jesus. À medida que se aproxima o dia, reconheceremos os sinais, se os observarmos bem. Hoje, no entanto, não sei quando ele vai retornar, pois nem todos os sinais apareceram. Estou atento a eles. O primeiro sinal é claro, o segundo está se tornando claro, o terceiro ainda não se cumpriu e o quarto seguramente não aconteceu. Portanto, não sei afirmar se estou nos últimos dias. Não posso pregar que estamos, por isso não uso a expressão "fim dos tempos" nas minhas pregações, pois parece-me que ela dá a impressão de que somos a última geração e que estamos prestes a presenciar a volta de Jesus. Se eu cresse nisso, certamente seria diferente.

Isso me leva ao segundo ponto importante. Você observou que uma ideia se repete nas três parábolas – do servo fiel, das virgens e dos talentos? O dono da casa "se demora"; o noivo "demorou a chegar"; e o homem que entregou os talentos retornou "depois de muito tempo". O verdadeiro teste para saber se estamos prontos para Cristo quando ele vier não é o que estaremos fazendo no momento em que ele retornar. Tampouco é o que faremos nos últimos três anos e meio, quando soubermos que ele está prestes a voltar. É o que estamos fazendo agora, enquanto ele está há muito tempo distante: se temos sido servos fiéis; se temos mantido acesa a nossa candeia e se estamos usando os talentos que ele nos deu – esse é o verdadeiro teste. Na sua vinda, Jesus não estará interessado no que estaremos fazendo então. Ele nos diz que, se deixarmos para começar a acertar nossa vida e buscar uma conduta cristã somente nos três últimos anos ou na ocasião da sua vinda, é porque não estamos preparados. O que ele busca é nossa fidelidade enquanto ele está distante – é isso que ele deseja. Aos que permanecerem fiéis todo o tempo, ele dirá: "Muito bem, servo bom e fiel! Venha e participe da alegria do seu senhor". Há uma recompensa nisso.

O senhor voltou e encontrou o servo fiel que havia cuidado dos alimentos, bem como dos outros servos. O senhor falou ao servo mau, que, pelo fato de seu senhor estar distante há muito tempo, começara a esmorecer, a comer e beber com os beberrões e a bater nos seus conservos dizendo: "Meu senhor se demora, não voltará por um longo tempo". Ele cortará essa pessoa em pedaços e a enviará juntamente com os hipócritas a um lugar onde haverá choro e ranger de dentes. Essa é linguagem que Jesus sempre usou a respeito do inferno. Aquele homem havia sido um servo na casa de Deus, mas terminou no inferno. Mais uma vez, trata-se de uma passagem bíblica que comprova que a afirmação "uma vez salvo, salvo para sempre" não é verdadeira. Ele foi um servo do Senhor e acabou no inferno. Eu temo ir para o inferno. Sou cristão e estou servindo ao Senhor, mas ainda temo o inferno porque a maioria dos alertas de Jesus a respeito do inferno foi dirigida a cristãos que haviam experimentado o novo nascimento. Tendo pregado a outros, não quero ser eu mesmo reprovado.

Observe as dez virgens prudentes e as dez virgens insensatas. Vou contar uma história para aliviar a tensão. Certo pregador de Londres fez uma pergunta retórica à sua congregação. Apontando para a galeria da igreja, disse: "Jovens que estão na galeria, onde preferem passar a eternidade? Na luz, com as virgens prudentes ou na escuridão com as virgens insensatas?". O pregador recebeu uma resposta unânime dos jovens da galeria – e eles o fizeram em voz alta. É preciso tomar cuidado com perguntas retóricas!

Falando sério, todas as jovens eram damas de honra convidadas para o casamento, estavam preparadas para o evento. Haviam aceitado o convite, mas metade delas fica trancada do lado de fora, na escuridão. O assunto é sério. A pergunta não é: "Você é uma dama de honra da Noiva?". Também não é: "Você faz parte da Noiva de Cristo?". Tampouco: "Sua candeia já estava acesa antes?". A pergunta é: "Sua candeia ainda estará acesa quando ele voltar?". É uma pergunta importante. Não faz diferença se você se converteu há 20 ou 30 anos. Sua candeia ainda está acesa pelo Senhor? Você ainda é uma luz que resplandece para ele? Na verdade, não importa o que aconteceu há 20 anos – você ainda está preparado?

Na parábola dos talentos, é muito interessante que o servo que recebeu um talento o tenha enterrado. Alguns cristãos enterram o seu talento quando percebem que outros cristãos receberam uma quantidade maior de talentos. Às vezes, eles têm apenas um dom para cuidar, mas o enterram porque as outras pessoas têm mais. Quando Cristo vier, ele não se importará com as outras pessoas. Apenas perguntará: "O que você fez com o que eu lhe dei? Vou receber retorno pelo investimento?". O senhor diz ao servo: "Você poderia pelo menos ter confiado meu dinheiro aos banqueiros para que eu o recebesse de volta com juros".

É um interessante comentário de Jesus sobre investimento,

mas o que ele está dizendo é: "O que você está fazendo? Sim, talvez eu tenha lhe dado um dom somente, mas esperava que você o usasse. Esperava lucrar com esse dom". O homem que recebeu um dom respondeu: "O senhor é um homem severo. Espera colher onde não plantou e espera que ganhemos juros para o senhor". Que acusação extraordinária. O que Jesus lhe disse? O senhor respondeu: "Servo mau e negligente! Você sabia que eu colho onde não plantei e junto onde não semeei? Então você devia ter confiado o meu dinheiro aos banqueiros, para que, quando eu voltasse, o recebesse de volta com juros. Tirem o talento dele e entreguem-no ao que tem dez. Pois a quem tem, mais será dado, e terá em grande quantidade. Mas a quem não tem [ou seja, que nada tenha para me mostrar], até o que tem lhe será tirado. E lancem fora o servo inútil, nas trevas, onde haverá choro e ranger de dentes".

Aqui está um crente a quem foi dado um talento para ser usado para o Senhor, mas que nada fez com o seu talento e nada tem a mostrar pelo talento que recebeu, e seu fim é o inferno. Sempre que Jesus fala de trevas, choro e ranger de dentes está se referindo ao inferno. Aqui, portanto, mais uma vez, está um crente cujo destino é o inferno por não ter usado o dom que recebeu em benefício do investimento de Jesus. Todas essas são questões sérias. Significa simplesmente que quando Jesus voltar, haverá uma separação de pessoas na igreja, no reino. Haverá sinais antes da sua vinda, mas quando ele voltar de fato, os crentes serão separados – aqueles que estão preparados para o seu retorno por terem sido fiéis durante o longo tempo em que ele esteve distante. Não sei como explicar de forma mais clara. Alguns serão acolhidos e receberão mais responsabilidades como recompensa, além de encargos de toda a casa. Ele diz em uma parábola: "Por ter sido confiável no pouco, governe sobre dez cidades". Quando Jesus voltar, ele o recompensará com mais trabalho.

Não é emocionante? Bem, se você não gosta de trabalho, não vai ficar animado.

Certo cientista brilhante trabalhou durante anos sob condições difíceis em um velho barracão visando fazer uma descoberta que beneficiaria toda a humanidade. Após anos de labuta nessas terríveis condições em seu barracão, ele fez uma descoberta que beneficiou a todos nós. Como recompensa, o governo construiu um laboratório com todas as conveniências e todo tipo de equipamento que ele poderia desejar. "Esta é sua recompensa por fazer essa descoberta sob condições tão difíceis". Cristo diz: "Você tem sido fiel, tome mais. Você tem sido bom, tome mais". Aqueles que têm sido fiéis em cuidar do pouco dinheiro para Jesus receberão mais dinheiro – não para gastar, mas para usar para ele.

Vou presumir que você é cristão. Isso não quer dizer que esteja seguro. Na vinda de Cristo, haverá essa separação entre os fiéis, que continuaram a fazer o que ele ordenou mesmo que sua vinda fosse tardia, que se lembraram todos os dias que ele está voltando e mantiveram-se trabalhando, que enfrentaram o sofrimento e têm sido servos bons e fiéis, e aqueles que, por causa da demora do Senhor, seguiram por caminhos maus, embebedaram-se com beberrões, e cujas candeias se apagaram e deixaram de brilhar por Jesus, que enterraram seus talentos. Jesus separará esses dois grupos. A Bíblia chama isso de tribunal de Cristo. Paulo refere-se a esse tribunal em 2Coríntios 5. Ele diz: "Todos nós (e ele se dirige a cristãos) devemos comparecer perante o tribunal de Cristo, para que cada um receba de acordo com as obras praticadas por meio do corpo, quer sejam boas quer sejam más". Os cristãos, portanto, irão a julgamento e podem terminar no inferno. Espero que, quando esse dia chegar, você esteja do lado certo. É simples assim. Não ensino sobre a segunda vinda para satisfazer a curiosidade a respeito do futuro, mas para preparar as pessoas para o dia em que o Senhor voltar.

www.ingramcontent.com/pod-product-compliance
Lightning Source LLC
Chambersburg PA
CBHW071549080526
44588CB00011B/1843